FAMILIENKÜCHE

6 ZUTATEN 1 GERICHT

EINFACH KOCHEN MIT MAXIMAL 6 ZUTATEN

Impressum

Edition Michael Fischer GmbH
Donnersbergstr. 7
86859 Igling
www.emf-verlag.de

Rezepte: Rose Marie Donhauser

Rezeptfotos: Sabrina Sue Daniels, Frankfurt am Main (alle mit Ausnahme der folgenden); Guido Schmelich, Holzkirchen (Seite10, 12, 36, 38, 40, 42, 44, 48, 52, 54, 72, 74, 76, 78, 80, 82, 84, 86, 88)

Zutatenbilder: Guido Schmelich, Holzkirchen; Sabrina Sue Daniels, Frankfurt am Main

Covergestaltung und Layout: Verena Raith

Satz: Max Bachmann

Lektorat: Karin Leonhart und Clemens Hoffmann

Gedruckt bei Polygraf Print, Čapajevova 44, 08001 Prešov, Slowakei

FAMILIENKÜCHE

6 ZUTATEN 1 GERICHT

EINFACH KOCHEN MIT MAXIMAL 6 ZUTATEN

INHALT

GRUNDLAGEN

Alles so schön einfach

Grundsätzlich sind bei den Rezepten, wenn benötigt, Grundzutaten wie Salz und Pfeffer, über die jeder Haushalt verfügt, angegeben. Nun mögen Sie sich fragen, ob tatsächlich jedes Rezept mit nur 6 Zutaten, manchmal auch nur mit 4 oder 5 auskommen kann. Die Antwort ist Ja. Sie erhalten das Grundrezept, wie es sein und schmecken soll. Natürlich können Sie individuell die Rezepte mit Gewürzen ergänzen, kreativ bearbeiten oder nach jeweiligem Geschmack erweitern.

Ausstattung

Dazu gehört eine Grundausstattung für die Küche, die von verschiedenen Messern, Schüsseln, Töpfen, Pfannen zu Küchenutensilien wie Pfannenwender, Kochlöffel, Sparschäler und Schneebesen reicht. Auch ein elektrisches Handrührgerät, ein Stab- oder Standmixer und ein Haarsieb zum Passieren von Brühen oder Soßen erweisen sich als nützliche Helfer. Andere Hilfsmittel wie Nudelholz, Ravioli-Ausstecher oder Backformen lassen sich meistens leicht ersetzen – eine Flasche, ein umgedrehtes Glas oder eine feuerfeste Schüssel tun's im Grunde genauso. Frei nach dem Motto „Der Zweck heiligt die Mittel" ist einfach (fast) alles erlaubt, was zum gewünschten Ergebnis führt.

Es werden also keine komplizierten Küchengeräte oder Küchenwerkzeuge gebraucht. Auch keine Fritteuse oder Mikrowelle. Einfach und effektiv ist das Credo.

Vorratshaltung

Die Zutaten auf den Fotos sind selbsterklärend und werden, je nach Rezept, eingekauft. An Vorrat sind für dieses Kochbuch an Gewürzen Salz und Pfeffer, integriert in einem gängig sortierten Gewürzregal, wichtig. In manchen Rezepten werden auch Paprikapulver, Kümmel und Muskatnuss benötigt. Oder ganze Pfefferkörner, Gewürznelken, getrocknete Kräuter wie Majoran und Oregano oder Lorbeerblätter. Sollten Sie eines der benötigten Gewürze einmal nicht zu Hause haben, können Sie es entweder mit auf Ihre Einkaufsliste setzen oder es weglassen.

Pflanzenöl

Als Basiszutat wird bei den Rezepten, sofern benötigt, Pflanzenöl angegeben. Damit ist geschmacklich neutrales und hoch erhitzbares pflanzliches Öl gemeint. Das kann Sonnenblumen-, Raps-, Weizenkeim- oder Distelöl sein. Steht bei einem Rezept explizit Olivenöl, so wird dieses entweder kalt für einen Salat oder für den entsprechenden Geschmack des Gerichts benötigt.

Backofentemperaturen

Die Temperaturangaben in diesem Kochbuch sind für das Garen mit Ober- und Unterhitze angegeben. Falls Ihr Herd mit Heiß- oder Umluft arbeitet, so brauchen die angegebenen Temperaturen bei den Rezepten nur um 20 °C niedriger eingestellt werden.

Portionsangaben

Bei jedem Rezept sind die Zutaten für 4, manchmal für 2 Personen angegeben. Ausnahmen gibt es bei den Süßspeisen und Kuchen, wenn Formen gebraucht werden. Alle diese Ausnahmen sind bei den Rezepten vermerkt.

Einfach unkompliziert

Natürlich sind die kreativen innovativen Rezepte in diesem Kochbuch „nicht in Stein gemeißelt". Wer beispielsweise keine Pastinaken mag, kann diese gegen Möhren austauschen. Wem der Geschmack und Geruch von Bergkäse zu stark ist, kann auch auf einen neutralen Gouda-Käse zurückgreifen. Bei Rezepten, bei denen Alkohol verwendet wird, lässt sich dieser, je nach Gericht, mit einer anderen Flüssigkeit, wie Brühe oder Wasser, tauschen. Das ist vor allem wichtig, wenn Kinder mitessen. Auch ein Dessert, wie z. B. der „Knusprige Aprikosen Crumble" von S. 77 schmeckt durch den Orangenlikör zwar toll aromatisch, kann aber auch durch eine andere Flüssigkeit, wie Apfelsaft, ausgetauscht oder durch eine Brühe ersetzt werden. Manche Zutaten wie beispielsweise geräuchertes Paprikapulver, Chorizo oder Panko können manchmal außerhalb von Großstädten nicht gleich auf Anhieb besorgt werden. Allerdings ist hier das Internet eine gute Möglichkeit, an diese Sachen heranzukommen. Wer keine Zeit hat, Gemüse- oder Fleischbrühe selber herzustellen, greift einfach auf entsprechende Fertigprodukte zurück. Der Anspruch dieses Buchs besteht allerdings darin, zu zeigen, wie einfach und unkompliziert moderne, frische und kreative Küche geht. Und das natürlich mit neuen kulinarischen Ideen, die vor allem gut schmecken, aber auch Lust aufs Kochen machen.

VORSPEISEN

1 

2 

3 

4 

5 

6 

4 *Personen* | **45 MIN** *Zubereitung* | *Salz, Pfeffer*

Schnelle HÜHNERSUPPE

1 l *Hühnerbrühe*
300 g *Hähnchenunterschenkel*
3 *Schalotten*
200 g *Möhren*
150 g *Sellerie*
1 kleines Bund *Petersilie*

Die **HÜHNERBRÜHE** mit einigen Pfefferkörnern in einen Topf zum Kochen aufstellen. Die **HÄHNCHEN-UNTERSCHENKEL** waschen und für etwa 35 Minuten in die **BRÜHE** zum Garen geben.

In der Zwischenzeit das Gemüse schälen. **SCHALOTTEN** in Achtel schneiden, **MÖHREN** und **SELLERIE** würfeln und für 10 bis 15 Minuten in der **HÜHNERBRÜHE** mitgaren. Die Suppe mit Salz und Pfeffer abschmecken.

Von der **PETERSILIE** die Blätter abzupfen und die Hähnchenunterschenkel von den Knochen lösen.

FLEISCH und **GEMÜSE** auf Teller verteilen, mit heißer **BRÜHE** aufgießen, die Petersilienblättchen darübergeben und servieren.

1

2

3

4

5

6

4 *Personen* | **40 MIN** *Zubereitung* | *Salz, Pfeffer*

GLASNUDEL-MISOSUPPE
mit Shiitake & Rindfleisch

6 EL *Misopaste*
20 g *Ingwer*
200 g *Entrecôte*
80 g *Glasnudeln*
100 g *Shiitakepilze*
4 Stängel *Koriandergrün*

1,5 l Wasser zum Kochen bringen und **MISOPASTE** darin auflösen. Den **INGWER** schälen, in dünne Scheiben schneiden und mit der Misobrühe in einem Topf aufkochen. Das **ENTRECÔTE** in Streifen schneiden, mit Salz und Pfeffer würzen und in der Brühe bei mittlerer Hitze etwa 15 Minuten ziehen lassen.

In der Zwischenzeit die **GLASNUDELN** laut Packungsangabe garen und beiseitestellen.

Die **SHIITAKEPILZE** vierteln, mit den **GLASNUDELN** zum **ENTRECÔTE** geben und 4-5 Minuten garen.

INGWER aus der **BRÜHE** nehmen. Das **KORIANDERGRÜN** waschen und die Blättchen abzupfen. **GLASNUDELN, ENTRECÔTE** und **PILZE** auf Suppenschalen verteilen, mit der Misobrühe aufgießen und mit **KORIANDER** garnieren.

TIPP

Anstelle der hellen oder dunklen Weintrauben kleine Kaki- oder Kiwistücke aufspießen.

1

2

3

4

2 *Personen* | **15 MIN** *Zubereitung* | *Cocktailsticks*

KÄSESTICKS
mit Erdbeer-Dip

250 g *Käse am Stück (z. B. Gouda)*
150 g *Weintrauben*
100 g *Erdbeeren*
½ kleines Bund *Minze*

Den **KÄSE** in kleine Würfel schneiden. Die **WEINTRAUBEN** putzen, waschen und abzupfen. Die **ERDBEEREN** waschen, putzen und mit einem Pürierstab fein zermusen.

Die **MINZE** waschen, trocken schütteln und die Blättchen abzupfen. Je 1 Käsewürfel mit 1 Minzeblättchen und 1–2 **WEINTRAUBEN** auf Cocktailsticks spießen. Die restliche **MINZE** fein hacken und mit dem Erdbeermus verrühren. Den Dip zu den Käsesticks servieren.

TIPP

Dazu schmeckt ein kräftiges Brot wie Pumpernickel.

1

2

3

4

5

2 *Personen* | **20 MIN** *Zubereitung* | *Pflanzenöl, Salz, Pfeffer, rosenscharfes Paprikapulver*

KÄSE-WURST-SALAT
mit Paprika

150 g *Käse (z. B. Emmentaler oder Edamer)*
150 g *Geflügelfleischwurst*
1 *rote Paprikaschote*
2 *Frühlingszwiebeln*
2 EL *Weißweinessig*

Den **KÄSE** in schmale Streifen schneiden. Die **WURST** pellen und in dünne Scheibchen schneiden. Die **PAPRIKASCHOTE** halbieren, putzen, waschen und in feine Streifen schneiden.

Die **FRÜHLINGSZWIEBELN** putzen und waschen, dabei das meiste Grün entfernen. Den Rest fein würfeln. Alle vorbereiteten Zutaten mit je 2 EL Pflanzenöl und **WEISSWEINESSIG** vermengen. Mit Salz, Pfeffer und Paprikapulver würzen.

VARIANTE

Anstelle der Frühlingszwiebeln Schalotten und Knoblauch verwenden. Den Salat mit frisch gehackter Petersilie verfeinern.

TIPP

Die Tomatensuppe nach Belieben mit Sahne und gehackter Petersilie verfeinern.

1 

2 

3 

4 

5 

2 *Personen* | **30 MIN** *Zubereitung* | *Pflanzenöl, Salz, Pfeffer*

TOMATENSUPPE
mit Möhren

1 *Zwiebel*
2 *Knoblauchzehen*
2 *Möhren*
500 g *Tomaten*
250 ml *Gemüsebrühe*

ZWIEBEL und **KNOBLAUCH** schälen und würfeln. Die **MÖHREN** putzen, schälen und in Scheiben schneiden. Die **TOMATEN** waschen, von den Stielansätzen befreien und klein schneiden.

2 EL Pflanzenöl in einem Topf erhitzen, **ZWIEBEL** und **KNOBLAUCH** darin glasig dünsten. **MÖHREN** und **TOMATEN** hinzufügen und etwa 5 Minuten mitdünsten. Mit Salz und Pfeffer würzen.

Die **GEMÜSEBRÜHE** dazugießen und aufkochen. Alles bei niedriger Hitze etwa 10 Minuten köcheln lassen. Die Suppe mit einem Pürierstab cremig pürieren und noch einmal abschmecken.

TIPP

Die Speck-Fischpralinen mit Cocktailsticks aufspießen und als Fingerfood servieren oder als Hauptgericht mit Sauerkraut genießen.

1

2

3

2 *Personen* | **20 MIN** *Zubereitung* | *Salz, Pfeffer, Pflanzenöl*

FISCHPRALINEN
mit Speck

400 g *Lachsfilet ohne Haut*
1 EL *Zitronensaft*
8 dünne Scheiben *Frühstücksspeck*

Das **LACHSFILET** waschen, mit Küchenpapier trocken tupfen und in 8 Stücke schneiden. Mit **ZITRONENSAFT** beträufeln und leicht mit Salz und Pfeffer würzen. Jedes Lachsstück mit 1 Scheibe **FRÜHSTÜCKSSPECK** umwickeln.

2 EL Pflanzenöl in einer beschichteten Pfanne erhitzen, die Speck-Fisch-Pralinen darin zuerst auf der Specknahtseite, dann auf allen Seiten knusprig braten. Herausnehmen und nach Belieben auf Küchenpapier entfetten.

VARIANTE

Den Lachs durch Seelachs- oder Kabeljaufilet ersetzen.

TIPP

Dazu schmeckt ein Avocado-Dip mit Schafskäse (siehe S. 25).

1

2

2 *Personen* | **25 MIN** *Zubereitung* | *Pflanzenöl, Pfeffer, Cayennepfeffer*

KARTOFFELCHIPS
aus Süßkartoffeln

400 g *Süßkartoffeln*
grobes Meersalz *aus der Mühle*

Den Backofen auf 180 °C (Ober-/Unterhitze) vorheizen. Ein Backblech mit Backpapier auslegen.

Die **SÜSSKARTOFFELN** waschen, schälen und in dünne Scheiben schneiden oder auf einem Gemüsehobel hobeln. In einer Schüssel mit 3 EL Pflanzenöl vorsichtig vermengen, mit **MEERSALZ,** Pfeffer und Cayennepfeffer würzen. Die Scheiben einzeln auf dem Backblech auslegen und im Backofen (mittlere Schiene) in etwa 15 Minuten knusprig backen.

SÜSSE VARIANTE

Die Süßkartoffelscheiben mit 3 EL Pflanzenöl und gemahlenem Zimt vermischen. Dazu Apfelmus servieren.

TIPP

Dazu schmecken Chips aus Süßkartoffeln (siehe Seite 23). Auch Grissini oder Cracker passen dazu.

1 

2 

3 

4 

2 *Personen* | **10 MIN** *Zubereitung* | *Olivenöl, Salz, Pfeffer, rosenscharfes Paprikapulver*

AVOCADO-DIP
mit Schafskäse

150 g *Schafskäse (Feta)*
50 g *in Öl eingelegte getrocknete Tomaten*
1 *Avocado*
½ *Zitrone (Saft)*

Den **SCHAFSKÄSE** zerbröckeln. Die **TOMATEN** abtropfen lassen und in kleine Würfel schneiden. Die **AVOCADO** halbieren und den Stein entfernen. Das Fruchtfleisch mit einem Löffel herauslösen.

Den **KÄSE** mit **AVOCADO, ZITRONENSAFT** und 3 EL Olivenöl cremig pürieren. Die Tomatenwürfel untermischen und mit Salz, Pfeffer und Paprikapulver würzen.

1 

2 

3 

2 *Personen* | **10 MIN** *Zubereitung* | *Olivenöl, Salz, Pfeffer, Holzspießchen*

TOMATEN
mit Mozzarella-Pesto

250 g *Kirschtomaten*
150 g *Mozzarelline (kleine Bällchen)*
2 EL *grünes Pesto (Glas)*

Die **KIRSCHTOMATEN** waschen und halbieren. Die Tomatenhälften und die **MOZZARELLABÄLLCHEN** abwechselnd auf Holzspießchen stecken. Die Spießchen auf einen Teller legen.

Das **PESTO** mit 3 EL Olivenöl verrühren und über die Tomaten-Mozzarella-Spieße träufeln. Nach Geschmack mit Salz und Pfeffer würzen.

VARIANTE

Große Tomaten und 1 große Kugel Mozzarella in Scheiben schneiden und auf einem Teller auslegen. Mit Olivenöl beträufeln, mit Salz und Pfeffer würzen und mit Basilikumblättchen belegen.

1

2

3

4

5

6

4 *Personen* | **30 MIN** *Zubereitung* | *Salz, Pfeffer*

NUDELSALAT
mit Erbsen & Schinken

250 g kurze *Nudeln (z. B. Hörnchen oder Spiralen)*
150 g *TK-Erbsen*
150 g *Kochschinken*
1 *rote Paprikaschote*
2 *Gewürzgurken*
3 EL *Mayonnaise*

Die **NUDELN** laut Packungsangabe bissfest garen. 1 Minute vor dem Garzeitende die **TK-ERBSEN** dazugeben und mitgaren. Alles abgießen, kalt abschrecken und abtropfen lassen.

Den **SCHINKEN** in Streifen schneiden. Die **PAPRIKASCHOTE** halbieren, putzen, waschen und würfeln. Die **GEWÜRZGURKEN** würfeln.

Für das Dressing die **MAYONNAISE** und 1 EL Gurkenwasser in einer Schüssel verrühren, salzen und pfeffern. Die vorbereiteten Zutaten unter die **MAYONNAISE** mischen.

TIPP

Dazu passen Grissini oder Baguette.

2 *Personen* | **25 MIN** *Zubereitung* | *Pflanzenöl, Salz, Pfeffer, Olivenöl, Backpapier*

HÄHNCHENSALAT
mit Früchten

1

2

3

4

5

2 *Pfirsiche*

300 g *Hähnchenbrustfilet ohne Haut*

½ *kleiner Friséesalat*

100 g *Himbeeren*

2 EL *Weißweinessig*

Den Backofen auf 200 °C (Grillstufe) vorheizen. Ein Backblech mit Backpapier auslegen. Die **PFIRSICHE** waschen, entsteinen und in dünne Spalten schneiden. Die Spalten auf das Blech legen und im Ofen (mittlere Schiene) etwa 10 Minuten grillen.

Das **HÄHNCHENFLEISCH** in schmale Streifen schneiden. 1 EL Pflanzenöl erhitzen, die Streifen darin goldbraun braten. Das **FLEISCH** salzen, pfeffern und kurz abkühlen lassen.

Den **SALAT** waschen und zerzupfen. Die **HIMBEEREN** waschen. Den **SALAT** mit Fleischstreifen, 2 EL Olivenöl und **WEISSWEINESSIG** locker vermengen, mit Salz und Pfeffer würzen. Den **SALAT** mit den **PFIRSICHEN** und **HIMBEEREN** anrichten.

1

2

3

4

5

6

4 *Personen* | **15 MIN** *Zubereitung* | *Salz, Pfeffer*

FELDSALAT
mit Walnusskernen

2 EL *Walnusskerne*
100 g *Feldsalat*
1 *Zwiebel*
3 EL *Olivenöl*
2 EL *Weißweinessig*
1 TL *Honig*

Die **WALNUSSKERNE** grob hacken und in einer beschichteten Pfanne ohne Fett 1–2 Minuten rösten, dann beiseitestellen.

Den **FELDSALAT** putzen, waschen und abtropfen lassen. Die **ZWIEBEL** schälen und fein würfeln.

Für das Dressing die **ZWIEBEL** mit **OLIVENÖL, WEISSWEINESSIG** und **HONIG** verrühren. Den **FELDSALAT** mit den **WALNUSSKERNEN** und dem **DRESSING** locker vermengen. Mit Salz und Pfeffer würzen.

1

2

3

4

5

2 *Personen* | **20 MIN** *Zubereitung* | *Olivenöl, Salz, Pfeffer, Cayennepfeffer, Currypulver*

GEMÜSESTICKS
mit Frischkäse-Dip

1 *kleine Salatgurke*
2 *große Möhren*
1 *gelbe Paprikaschote*
100 g *Doppelrahmfrischkäse*
100 g *Schafskäse (Feta)*

Die **GURKE** schälen, längs halbieren und die Hälften mit einem Löffel entkernen. Die **MÖHREN** putzen und schälen. Die **PAPRIKASCHOTE** halbieren, putzen und waschen. Das vorbereitete Gemüse in Sticks von etwa 8 × 2 cm schneiden.

Den **FRISCHKÄSE** mit **SCHAFSKÄSE** und 2 EL Olivenöl mit einem Pürierstab cremig rühren. Mit Salz, Pfeffer, Cayennepfeffer und etwas Currypulver würzen. Den Dip in zwei Schalen anrichten und mit den Gemüsesticks servieren.

HAUPTSPEISEN

1

2

3

4

5

6

4 *Personen* | **1 STD 20 MIN** *Zubereitung* | *Salz, Pfeffer, Alufolie*

BARBECUE-SPARERIBS
„rubbed"

1,5 kg *Spareribs*
3 *Bio-Zitronen*
4 TL *geräuchertes Paprikapulver*
4 TL *gemahlener Kreuzkümmel*
4 TL *Knoblauchgranulat oder -pulver*
8 EL *Ketchup*

Die **SPARERIBS** innen von der Silberhaut befreien, überschüssiges Fett entfernen.

Die **SPARERIBS** in einen Topf legen und mit so viel Wasser begießen, dass alles bedeckt ist. Salzen und etwa 40 Minuten leise köcheln lassen.

Von den **ZITRONEN** die Schale fein abreiben. Zitronenschale, **PAPRIKAPULVER, KREUZKÜMMEL, KNOBLAUCHGRANULAT** und 6 EL **KETCHUP** gut verrühren.

Den Backofen auf 220 °C Grillstufe vorheizen und ein Backblech mit Alufolie belegen.

Die **SPARERIBS** aus dem Kochwasser nehmen, trocken tupfen, auf das Backblech geben und mit dem Großteil der Gewürzmischung bestreichen. Insgesamt etwa 20 Minuten grillen.

Restliche Gewürzmischung mit 2 EL **KETCHUP** verrühren und die **SPARERIBS** beim mehrmaligen Wenden im Ofen damit lackieren. Anschließend mit Salz und Pfeffer würzen.

1

2

3

4

5

4 *Personen* | **30 MIN** *Zubereitung* | *Salz, Pfeffer, Zucker*

MAISKOLBEN
mit Zitronen-Kräuterbutter

2 *Knoblauchzehen*

2 Kolben *Zuckermais*

125 g *Butter (weich)*

1 *Bio-Zitrone*

2 Stängel *Thymian, Blättchen abgezupft*

Die **KNOBLAUCHZEHEN** schälen und durch eine Knoblauchpresse drücken. Die **MAISKOLBEN** in Salzwasser mit 1 Klecks **BUTTER,** 1 Prise Zucker und 1 Messerspitze **KNOBLAUCH** bei mittlerer Hitze etwa 20 Minuten garen.

In der Zwischenzeit von der **ZITRONE** die Schale fein abreiben.

Anschließend 120 g **BUTTER** mit **KNOBLAUCH,** der Zitronenschale und **THYMIANBLÄTTCHEN** verrühren. Mit Salz und Pfeffer würzen.

Die **MAISKOLBEN** in Stücke schneiden und mit der weichen **BUTTER** belegen, die beim Servieren schön zerläuft.

1

2

3

4

5

6

4 *Personen* | **15 MIN** *Zubereitung* **1 STD** *Kühlen* | *Salz, Pfeffer*

CEVAPCICI
zum Braten oder Grillen

1 *Schalotte*

1–2 *Knoblauchzehen*

600 g *Lammhackfleisch (oder Schwein/Rind gemischt)*

2 TL *Paprikapulver*

1 EL *Ajvar*

20 g *Mehl*

SCHALOTTE und **KNOBLAUCH** schälen und fein würfeln.

Mit **HACKFLEISCH, PAPRIKAPULVER, AJVAR** und **MEHL** vermischen und leicht kneten. Mit Salz und Pfeffer würzen. Aus der Masse kleine Rollen formen und mindestens 1 Stunde kalt stellen.

Die Cevapcici in der Pfanne braten oder auf Holzspieße stecken und grillen.

1

2

3

4

5

6

4 *Personen* | **25 MIN** *Zubereitung* | *Salz, Pfeffer, Pflanzenöl*

TOMATENREIS
mit zweierlei Tomaten

600 ml *Gemüsebrühe*
300 g *parboiled Reis*
50 g *getrocknete Tomaten*
2 *Schalotten*
1 EL *Zucker*
1 Dose *Tomaten (400 g, stückig)*

Die **GEMÜSEBRÜHE** aufkochen und den **REIS** darin laut Packungsangabe garen.

Die **GETROCKNETEN TOMATEN** sehr klein schneiden. Die **SCHALOTTEN** schälen und fein würfeln. Beides in 2 EL Pflanzenöl andünsten und den **ZUCKER** einrühren.

Sobald sich der **ZUCKER** aufgelöst hat, die stückigen **TOMATEN** hinzufügen. Ein paar Minuten sanft köcheln lassen, mit Salz und Pfeffer abschmecken und dann mit dem Stabmixer pürieren.

Die **TOMATENPASTE** mit dem gegarten **REIS** vermischen und servieren.

TIPP

Dazu schmeckt Tomatensalsa oder Pesto.

1 

2 

2 *Personen* | **30 MIN** *Zubereitung* | *Salz, Pfeffer, Currypulver, Olivenöl, Backpulver*

POMMES
aus Gemüse

2 *Pastinaken*
1 *Kohlrabi*

Den Backofen auf 200 °C (Ober-/Unterhitze) vorheizen. Ein Backblech mit Backpapier auslegen. **PASTINAKEN** und **KOHLRABI** waschen und schälen. Beides zuerst in dicke Scheiben und anschließend zu Pommes schneiden.

Die Gemüse-Pommes in einer Schüssel kräftig mit Salz, Pfeffer und Currypulver würzen und zusätzlich mit 2 Esslöffeln Olivenöl vermengen.

Die gewürzten Pommes auf dem Backblech verteilen und im Backofen (mittlere Schiene) etwa 20 Minuten garen.

VARIANTE

Wer eine Fritteuse hat, kann die Gemüse-Pommes in heißem Pflanzenöl knusprig ausbacken.

Da muss noch Salz ran!

1

2

3

4

5

6

4 *Personen* | **25 MIN** *Zubereitung* | *Salz, Pfeffer*

Fisch- FRIKADELLEN

400 g *weiße Fischfilets*
2 *Frühlingszwiebeln*
80 ml *Milch*
80 g *Panko*
2 *Eier*
50 g *Butterschmalz*

Die **FISCHFILETS** in der Küchenmaschine oder mit einem scharfen Messer sehr fein zerkleinern.

FRÜHLINGSZWIEBELN putzen, fein würfeln.

Die **FISCHFILETS** mit **MILCH,** 30 g **PANKO, EIERN,** 1 TL Salz sowie mit den **FRÜHLINGSZWIEBELN** verkneten und mit Salz und Pfeffer abschmecken.

Die Masse zu Frikadellen formen und im restlichen **PANKO** panieren.

Das **BUTTERSCHMALZ** in einer Pfanne erhitzen und die Fischfrikadellen von beiden Seiten knusprig goldbraun braten.

1

2

3

4

5

6

4 *Personen* | **20 MIN** *Zubereitung* | *Salz, Pfeffer*

KARTOFFELSALAT
mit Mayo

1 kg *Pellkartoffeln*
4 *Eier*
1 *Zwiebel*
200 g *Gewürzgurken*
½ kleines Bund *Petersilie*
100 g *Mayonnaise*

Die **PELLKARTOFFELN** pellen und in Scheiben schneiden. Die **EIER** in etwa 10 Minuten hart kochen, dann pellen und im Eierschneider einmal längs und einmal quer schneiden.

Die **ZWIEBEL** schälen und würfeln. Die **GEWÜRZGURKEN** ebenfalls klein würfeln. Die **PETERSILIE** waschen, trocken schütteln und fein hacken.

Für das Dressing die **MAYONNAISE** mit 1 EL Gurkenwasser verrühren, salzen und pfeffern. **KARTOFFELN, EIER, ZWIEBEL** und **GURKEN** untermischen. Mit der **PETERSILIE** garnieren.

4 *Personen* | **40 MIN** *Zubereitung* | *Salz, Pfeffer, Pflanzenöl*

FARFALLE ALLA *Cola-Bolo*

1

2

3

4

5

6

1 *große rote Zwiebel*
75 g *Sellerie*
500 g *Rinderhackfleisch*
300 ml *Cola*
1 Dose *Tomaten (400 g, stückig)*
400 g *Farfalle*

ZWIEBEL und **SELLERIE** schälen und fein würfeln. In einer Pfanne in 2 EL heißem Pflanzenöl 2 Minuten andünsten.

RINDERHACKFLEISCH hinzufügen und unter Rühren krümelig braten. Mit **COLA** ablöschen, **TOMATEN** einrühren und mit Salz und Pfeffer würzen. Bei niedriger Hitze leise köcheln lassen.

Inzwischen die **FARFALLE** laut Packungsangabe in Salzwasser bissfest garen und unter die Hackfleischsosse schwenken.

1 

2 

3 

4 

5 

6 

4 *Personen* | **25 MIN** *Zubereitung* | *Salz, Pfeffer, Pflanzenöl*

PENNE „ONE POT“
mit grünen Bohnen & Speck

1 *Schalotte*
100 g *durchwachsener Speck*
200 g *Buschbohnen*
300 g *Penne*
250 g *Kräuterfrischkäse*
1 kleines Bund *Petersilie, zerzupft*

Die **SCHALOTTE** schälen und mit dem **SPECK** fein würfeln. In einem Topf 1 EL Pflanzenöl erhitzen, darin die Schalottenwürfel kurz andünsten und die Speckwürfel hinzufügen.

Inzwischen die **BOHNEN** putzen und zerteilen. Zusammen mit den **PENNE, FRISCHKÄSE** und 800 ml Wasser zum **SPECK** und den **SCHALOTTEN** geben. Nach dem Aufkochen die Hitze reduzieren und den „One Pot“ unter gelegentlichem Rühren etwa 15 Minuten garen.

Mit Salz und Pfeffer würzen und mit der **PETERSILIE** bestreut servieren.

TIPP

Der Fleischteig kann beliebig mit frischen Kräutern, Pinienkernen oder mit etwas fein geriebenem Käse variiert werden. Anstelle des gemischten Hackfleischs Rinderhackfleisch verwenden.

2 *Personen* | **25 MIN** *Zubereitung* | *Salz, Pfeffer, rosenscharfes Paprikapulver, Olivenöl, Holzspießchen*

HACKBÄLLCHEN
auf Spießchen

1

2

3

1 *Zwiebel*
400 g *gemischtes Hackfleisch*
1 *Ei*

Die **ZWIEBEL** schälen und fein würfeln. Mit **HACKFLEISCH** und **EI** verkneten. Die Masse kräftig mit Salz, Pfeffer und Paprikapulver würzen. Daraus mit angefeuchteten Händen 12 Bällchen formen.

4 EL Olivenöl in einer beschichteten Pfanne erhitzen, die Hackbällchen darin bei starker Hitze auf allen Seiten knusprig braten. Dann die Hackbällchen bei niedriger Hitze weitere 5 Minuten braten. Herausnehmen, auf Küchenpapier entfetten und auf Holzspießchen stecken. Die aufgespießten Hackbällchen als Fingerfood servieren.

TIPP

Den Rahmspinat nach Belieben mit einem Pürierstab fein pürieren.

1

2

3

4

5

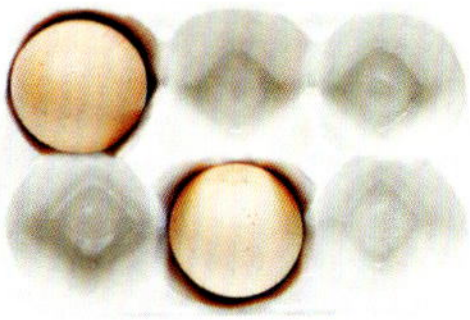

2 *Personen* | **25 MIN** *Zubereitung* | *Salz, Pfeffer, Muskatnuss, Pflanzenöl*

RAHMSPINAT
mit Spiegeleiern

1 kg *Blattspinat*

1 *Zwiebel*

1 EL *Butter*

150 g *Sahne*

2 *Eier*

SPINAT verlesen, von den groben Stielen befreien und waschen. Salzwasser in einem Topf aufkochen, den **SPINAT** dazugeben und aufkochen. Den **SPINAT** in ein Sieb abgießen, mit kaltem Wasser abschrecken und abtropfen lassen. Den **SPINAT** mit den Händen ausdrücken und grob hacken.

Die **ZWIEBEL** schälen und fein würfeln. Die **BUTTER** zerlassen, die **ZWIEBEL** darin glasig dünsten. Den **SPINAT** hinzufügen, mit Salz, Pfeffer und Muskat würzen. Die **SAHNE** dazugießen. Alles aufkochen und bei niedriger Hitze einige Minuten köcheln lassen.

1 EL Pflanzenöl in einer beschichteten Pfanne erhitzen, die **EIER** darin zu Spiegeleiern braten und mit dem Rahmspinat servieren.

TIPP

Die Gemüsebrühe durch Rindfleischbrühe ersetzen.

2 Personen | 30 MIN Zubereitung | Pflanzenöl, Salz, Pfeffer, rosenscharfes Paprikapulver, Kümmel

1

GEMÜSEEINTOPF
mit Hackfleisch

2

1 *Zwiebel*
250 g *Weißkohl*
1 *gelbe Paprikaschote*
200 g *gemischtes Hackfleisch*
500 ml *Gemüsebrühe*

3

Die **ZWIEBEL** schälen und fein würfeln. Den **WEISSKOHL** putzen, in 2 cm breite Stücke schneiden und waschen. Die **PAPRIKASCHOTE** halbieren, putzen, waschen und in kleine Stücke schneiden.

4

2 EL Pflanzenöl in einem Topf erhitzen, **ZWIEBEL** und **PAPRIKA** darin kurz andünsten. Das **HACKFLEISCH** hinzufügen und bei starker Hitze krümelig braten. Mit Salz, Pfeffer, Paprikapulver und Kümmel würzen.

5

WEISSKOHL und die **GEMÜSEBRÜHE** dazugeben. Alles aufkochen und bei mittlerer Hitze etwa 20 Minuten garen. Den Eintopf noch einmal abschmecken.

TIPP

Dazu schmecken Pommes aus Gemüse *(siehe S. 47).*

1 

2 

3 

4 

2 *Personen* | **50 MIN** *Zubereitung* | *Olivenöl, Salz, Pfeffer*

HÄHNCHENBRUST
in Tomatensoße

2 *Hähnchenbrüste (ohne Haut und Knochen)*
½ kleines Bund *gemischte Kräuter*
1 Dose *Tomaten (400g, stückig)*
125 g *Mozzarella*

Den Backofen auf 200 °C (Ober-/Unterhitze) vorheizen. Eine Auflaufform mit 1 EL Olivenöl auspinseln. Die **HÄHNCHENBRÜSTE** waschen, mit Küchenpapier trocken tupfen, rundherum mit Salz und Pfeffer würzen und in die Form legen.

Die **KRÄUTER** waschen, trocken schütteln und fein hacken. Die **HÄHNCHENBRÜSTE** mit den **KRÄUTERN** bestreuen und mit den **TOMATEN** überziehen. Mit Salz und Pfeffer würzen. Den **MOZZARELLA** klein würfeln. Das **FLEISCH** mit dem **MOZZARELLA** bestreuen, mit 1 EL Olivenöl beträufeln und im Backofen (mittlere Schiene) etwa 35 Minuten garen.

TIPP

Dazu passen Pommes von Pastinaken und Kohlrabi (siehe S. 47) oder Feldsalat mit Walnusskernen (siehe S. 33).

1

2

3

4

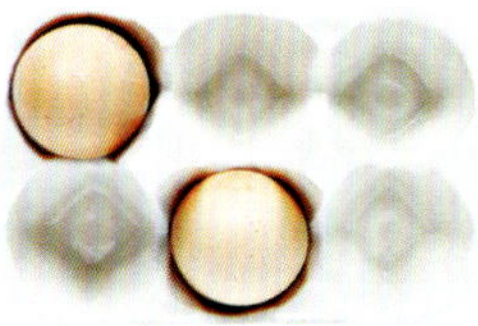

5

2 *Personen* | **20 MIN** *Zubereitung* | *Salz, Pfeffer, Holzspießchen, Pflanzenöl*

SCHNITZEL
mit Käse & Schinken

2 *dünne Kalbsschnitzel (à ca. 180 g)*
2 Scheiben *Kochschinken*
2 Scheiben *Cheddar-Käse*
2 *Eier*
1 EL *Butter*

Die **KALBSSCHNITZEL** eventuell noch dünner plattieren. Mit Salz und Pfeffer würzen. Auf jeweils eine Schnitzelhälfte 1 Scheibe **SCHINKEN** und **KÄSE** legen. Die andere Fleischhälfte darüberklappen. Das Fleisch mit Holzspießchen fixieren.

Die **EIER** verquirlen und die gefüllten **SCHNITZEL** darin wenden. 3 EL Pflanzenöl in einer beschichteten Pfanne erhitzen, die **SCHNITZEL** darin auf beiden Seiten knusprig anbraten. Die **BUTTER** hinzufügen und die **SCHNITZEL** bei niedriger Hitze in einigen Minuten fertig braten.

1

2

3

4

5

2 *Personen* | **40 MIN** *Zubereitung* | *Pflanzenöl, Salz, Pfeffer, rosenscharfes Paprikapulver*

GEFÜLLTE ZUCCHINI
mit Hackfleisch

2 *mittelgroße Zucchini*

1 *Zwiebel*

300 g gemischtes *Hackfleisch*

1 *Ei*

50 g *Käse (z. B. Gouda), frisch gerieben*

Den Backofen auf 200 °C (Ober-/Unterhitze) vorheizen. Eine Auflaufform mit 1 EL Pflanzenöl auspinseln. Die **ZUCCHINI** putzen, waschen, längs halbieren und so viel Fruchtfleisch herauslösen, dass die Hälften noch einen Rand haben.

Die **ZWIEBEL** schälen und fein würfeln. Die Hälfte des Zucchinifruchtfleisches klein schneiden (Rest entsorgen), mit **ZWIEBEL, HACKFLEISCH** und **EI** vermischen. Die Masse kräftig mit Salz, Pfeffer und Paprikapulver würzen. Zucchinihälften damit füllen, in die Form geben, mit **KÄSE** bestreuen und im Backofen (mittlere Schiene) etwa 30 Minuten garen.

1

2

3
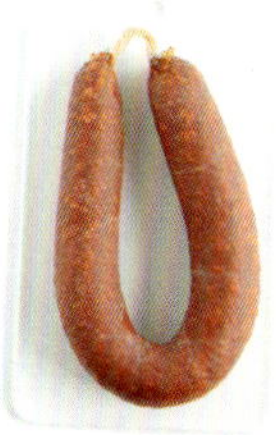

4

5

2 *Personen* | **30 MIN** *Zubereitung* | *Olivenöl, Salz, Pfeffer*

ZOODLES
mit Chorizo

2 *mittelgroße Zucchini*

2 *Knoblauchzehen*

200 g *Chorizo*

1 EL *Tomatenmark*

2–3 EL *Käse (z. B. Parmesan oder Manchego), frisch gerieben*

Die **ZUCCHINI** putzen und waschen. Mit einem Spiralschneider in Zoodles schneiden. Oder mit einem Sparschäler lange Streifen abziehen. Den **KNOBLAUCH** schälen und fein würfeln. Die **WURST** pellen und in kleine Stücke schneiden.

3 EL Olivenöl in einer großen beschichteten Pfanne erhitzen, **KNOBLAUCH** und Wurststücke darin kurz anbraten. Die Zucchinistreifen hinzufügen und alles einige Minuten mitbraten. Das **TOMATENMARK** mit 100 ml kaltem Wasser verrühren, untermischen und aufkochen. Die Zoodles mit Salz und Pfeffer würzen und insgesamt 8–10 Minuten garen. Auf zwei Tellern anrichten, mit **KÄSE** bestreuen.

TIPP

Fischfilets mit Haut verwenden und nur auf der Hautseite langsam braten. So entsteht eine leckere Kruste und das Fischfilet bleibt saftig. Nach Belieben Knoblauch und Rosmarin mitbraten.

2 *Personen* | **30 MIN** *Zubereitung* | *Salz, Pfeffer, Pflanzenöl, getrockneter Oregano, Paprikapulver*

PAPRIKAGEMÜSE
mit Fisch

je **1** *rote und gelbe Paprikaschote*
1 *große Zwiebel*
200 g *Cherrytomaten*
2 *Kabeljaufilets (à ca. 200 g)*
½ *Zitrone (Saft)*

1

PAPRIKASCHOTEN halbieren, putzen, waschen und in Streifen schneiden. **ZWIEBEL** schälen und in Streifen schneiden. **CHERRYTOMATEN** waschen und vierteln.

2

Die **KABELJAUFILETS** waschen, trocken tupfen, mit **ZITRONENSAFT** beträufeln, salzen und pfeffern. 3 EL Pflanzenöl in einer Pfanne erhitzen, Paprika- und Zwiebelstreifen darin etwa 10 Minuten braten. Zwischendurch die **TOMATEN** hinzufügen. Alles mit Salz, Pfeffer, Oregano, edelsüßem und rosenscharfem Paprikapulver würzen. Eventuell etwas Wasser dazugeben.

3

2 EL Pflanzenöl in einer zweiten Pfanne erhitzen, die **FILETS** darin auf beiden Seiten 3–4 Minuten braten. Mit Gemüse servieren.

4

5

DESSERTS

4 *Personen* | **15 MIN** *Zubereitung* **1 STD** *Kühlen* | *Salz*

SCHOKOPUDDING
mit Wölkchen & Nüssen

3 *Eier*

500 ml *Milch*

35 g *Speisestärke*

2 EL *Puderzucker*

3 EL *Kakaopulver*

30 g *Haselnusskerne*

1

2

3

4

5

6

Die **EIER** trennen. Eiweisse mit 1 Prise Salz steif schlagen. 2 EL **MILCH** mit **SPEISESTÄRKE** glatt rühren.

Die restliche **MILCH** in einem Topf mit **PUDERZUCKER** und **KAKAOPULVER** verrühren und aufkochen. Die angerührte **SPEISESTÄRKE** zugießen und unter Rühren kurz dicklich einkochen lassen. Den Topf vom Herd ziehen und die Eigelbe unterrühren.

Die Puddingmasse in eine Servierschüssel geben und vorsichtig den Eischnee unterziehen. Den Pudding 1 Stunde kühl stellen.

Für das Nusstopping die **HASELNUSSKERNE** fein hacken und in einer Pfanne ohne Fett anrösten. Zum Servieren über den abgekühlten Pudding streuen.

1

2

3

4

5

6

4 *Personen* | **15 MIN** *Zubereitung* **30 MIN** *Backen* | *Salz, Backpapier*

KNUSPRIGER *Aprikosen-Crumble*

500 g *Aprikosen*
155 g *weiche Butter*
180 g *Zucker*
2 EL *Orangenlikör*
200 g *Weizenmehl*
50 g *Haferflocken*

Zuerst den Backofen auf 200 °C Ober-/Unterhitze vorheizen. Ein Backblech mit Backpapier auslegen.

Die **APRIKOSEN** halbieren und entsteinen.

30 g **BUTTER** in einer Pfanne bräunen und dann 30 g **ZUCKER** darin schmelzen. Die **APRIKOSEN** hinzugeben und 30 Sekunden vorsichtig schwenken. Den **ORANGENLIKÖR** dazugeben und weitere 30 Sekunden köcheln lassen.

125 g **BUTTER** zerlassen und in einer Schüssel mit 100 g **ZUCKER,** 1 Prise Salz, **MEHL** und **HAFERFLOCKEN** mit den Händen abbröseln. Auf dem Backblech verteilen und im Ofen in 30 Minuten goldbraun backen.

Die **APRIKOSEN** mit den Streuseln in Dessertgläser schichten und mit Puderzucker bestäuben.

1

2

3

4

5

6

4 *Personen* | **10 MIN** *Zubereitung* **25 MIN** *Backen* | *Pflanzenöl*

BRATÄPFEL MIT
Cranberry-Marzipan-Füllung

4 *Äpfel*
90 g *weiche Butter*
50 g *gestiftelte Mandeln*
70 g *Cranberrys*
200 g *Marzipanrohmasse, klein gewürfelt*
1 TL *gemahlener Zimt*

Zuerst den Backofen auf 200 °C Ober-/Unterhitze vorheizen. Eine Auflaufform mit etwas Öl einfetten.

Die **ÄPFEL** quer halbieren, das Kerngehäuse großzügig entfernen und die Apfelhälften beiseitelegen.

50 g **BUTTER** mit **MANDELN, CRANBERRYS, MARZIPAN** und **ZIMT** verkneten.

Die Apfelhälften mit der Masse füllen und wieder zusammensetzen. In eine Auflaufform geben und zunächst 10 Minuten im Ofen backen.

In der Zwischenzeit die restliche **BUTTER** in einem Topf zerlassen. **ÄPFEL** mit der **BUTTER** beträufeln und weitere 10–15 Minuten bei 180 °C backen. Aus dem Ofen nehmen und warm servieren.

1

2

3

4

5

4 *Personen* | **10 MIN** *Zubereitung* **2 STD** *Gefrieren*

FROZEN YOGHURT
mit Cookie-Boden

120 g *Haferkekse*
170 g *weiße Schokolade*
250 g *gemischte Beeren*
70 g *Puderzucker*
140 g *Naturjoghurt*

Die **HAFERKEKSE** in ein Küchentuch schlagen und mit einem Teigroller zerkleinern.

Die **SCHOKOLADE** in Stücke brechen und in einer hitzebeständigen Schüssel über einem heißen Wasserbad schmelzen. Die Keksbrösel unterrühren und die Masse auf vier Muffin-Förmchen verteilen, etwas andrücken und kalt stellen.

225 g **BEEREN** und den **PUDERZUCKER** mit einem Stabmixer pürieren. Den **JOGHURT** einrühren und alles gründlich vermischen.

Die Masse auf die Muffin-Förmchen verteilen und 2 Stunden in den Gefrierschrank stellen.

Vor dem Servieren nach Belieben mit den restlichen **BEEREN** garnieren.

TIPP

Den Kuchen mit Puderzucker bestäuben.

4 *Personen* | **10 MIN** *Zubereitung* **1 STD 15 MIN** *Backen* | *Salz, Pflanzenöl*

Mais-Bananen- CAKE

1

2

3

4

5

6

225 g *Maismehl*
2 TL *Backpulver*
4 *reife Bananen*
200 g *Zucker*
100 g *weiche Butter*
2 *Eier*

Den Backofen auf 160 °C Ober-/Unterhitze vorheizen. Eine Springform (18 cm Ø) mit etwas Öl einfetten.

Das **MAISMEHL** mit **BACKPULVER** und 1 Prise Salz vermischen.

Die **BANANEN** mit einer Gabel zerdrücken.

ZUCKER und **BUTTER** schaumig schlagen und **EIER** sowie **BANANEN** einrühren. Nach und nach die Maismehlmischung einrieseln lassen und verkneten.

Den Teig in die Springform geben und 1 Stunde 15 Minuten backen. Herausnehmen, aus der Form lösen und auf einem Gitter abkühlen lassen.

4 *Personen* | **15 MIN** *Zubereitung*

ERDBEERMILCH
mit Haferflocken

250 g *Erdbeeren*
500 ml *Milch*
150 g *griechischer Joghurt*
2 EL *Haferflocken*
1 Päkchen *Vanillezucker*
2–3 EL *Ahornsirup*

Die **ERDBEEREN** verlesen, den Kelchansatz entfernen und die **ERDBEEREN** in den Standmixer geben.

Anschließend mit **MILCH** aufgießen. **JOGHURT, HAFERFLOCKEN, VANILLEZUCKER** und **AHORNSIRUP** hinzufügen und alles mixen.

Die Erdbeermilch 10 Minuten quellen lassen, dann nochmals aufmixen und servieren.

1

2

3

4

5

6

4 *Personen* | **15 MIN** *Zubereitung* | *Muskatnuss*

KAKAO MIT
Marshmallows

200 g *Sahne*
1 l *Milch*
200 g *dunkle Schokolade*
4 EL *kleine Marshmallows*
4 *Zimtstangen*

1

2

3

4

5

Die **SAHNE** steif schlagen.

Die **MILCH** erhitzen und die in Stücke gebrochene **SCHOKOLADE** hinzufügen und unter stetigem Rühren auflösen.

Mit Muskatnuss würzen und einige Minuten leise simmern lassen.

Die heiße Schokolade auf Gläser verteilen.

Die **SAHNE** daraufgeben, mit **MARSHMALLOWS** bestreuen. Zum Umrühren eine **ZIMTSTANGE** benutzen.

1

2

3

4

5

6

4 *Personen* | **15 MIN** *Zubereitung* **30 MIN** *Backen* | *Salz*

Omas KIRSCHAUFLAUF

5 *Eier*
400 g *Magerquark*
160 g *Weichweizengrieß*
160 g *Puderzucker*
100 g *weiche Butter*
250 g *Süßkirschen*

Zuerst den Backofen auf 190 °C Ober-/Unterhitze vorheizen.

Die **EIER** trennen. Die EiweißE mit 1 Prise Salz steif schlagen.

In einer zweiten Schüssel die Eigelbe mit **MAGERQUARK, GRIESS,** 140 g **PUDERZUCKER** und der **BUTTER** verrühren und zuletzt den Eischnee vorsichtig unterziehen.

Etwa ¼ der **KIRSCHEN** entsteinen und auf dem Boden einer Auflaufform verteilen. Den Eierteig darübergeben.

Die restlichen **KIRSCHEN** mit Stiel obenauf legen und etwas einsinken lassen. Im vorgeheizten Ofen etwa 25–30 Minuten backen. Mit dem übrigen **PUDERZUCKER** bestäuben.

TIPP

Schmeckt auch gut mit 1 Schuss Himbeerwasser und mit geschlagener Sahne garniert.

HEISSE HIMBEEREN
mit Vanilleeis

1

2

3

4

300 g *frische Himbeeren*
3 EL *Zucker*
1 TL *Vanillezucker*
4 Kugeln *Vanilleeis*

Die **HIMBEEREN** verlesen, vorsichtig waschen und tropfnass mit **ZUCKER** und **VANILLEZUCKER** in einem Topf verrühren.

Die **HIMBEEREN** bei niedriger Hitze so lang erwärmen, bis sie leicht zerfallen.

Anschließend die heißen **HIMBEEREN** auf vier Dessertschalen verteilen, jeweils 1 Kugel **VANILLEEIS** daraufsetzen und sofort servieren.

TIPP

Im Sommer lässt sich der Pudding mit Beeren, im Winter mit karamellisierten Nusssplittern verfeinern.

1 

2 

3 

4 

4 *Personen* | **20 MIN** *Zubereitung*

SCHOKOLADEN-*pudding*

500 ml *Milch*
2 EL *Zucker*
2 EL *Speisestärke*
2 EL *Kakaopulver*

Von der **MILCH** eine kleine Schöpfkelle abnehmen, mit **ZUCKER, SPEISESTÄRKE** und **KAKAOPULVER** glatt rühren. Die übrige **MILCH** in einen Topf geben und aufkochen.

Sobald die **MILCH** kocht, die angerührte Milch-Kakao-Mischung einrühren und so lange rühren, bis die **MILCH** dicklich wird.

Den Pudding entweder warm genießen oder in kalt ausgespülte Puddingformen füllen und abkühlen lassen.

1

2

3

4

5

6

4 *Personen* | **45 MIN** *Zubereitung* | *Salz*

SÜSSER MILCHREIS
mit Zimt

1 l *Milch*
100 g *Zucker*
1 Päckchen *Vanillezucker*
250 g *Rundkornreis (Milchreis)*
2 EL *Butter*
½ TL *gemahlener Zimt*

Die **MILCH** mit 50 g **ZUCKER, VANILLEZUCKER** und 1 Prise Salz in einem Topf aufkochen.

Den **REIS** dazugeben, aufkochen und bei niedriger Hitze in etwa 35 Minuten ausquellen lassen, dabei zwischendurch umrühren.

Den Milchreis in tiefe Teller geben. Die **BUTTER** in einer Pfanne erhitzen, 50 g **ZUCKER** und **ZIMT** unterrühren. Die Mischung auf den **MILCHREIS** geben und servieren.